サムライニンジャのぬりえほん
SAMURAI NINJA
COLOURING BOOK

BY MATTHEW LIN

COLOURING TIP

Place a piece of cardboard or thick paper (same size as the book or larger).
underneath the page when you colour. This will prevent any bleed through – when using
markers or textas, or creasing – when using pencils, to the page underneath.

Text, illustration and design © Matthew Lin, 2018.
www.matthewlin.com.au

ISBN 978-0-6483756-1-6.

Type set in Minion Pro Regular

Osamu

サムライニンジャのぬりえほん

Mihoko

サムライニンジャのぬりえほん

Kurou

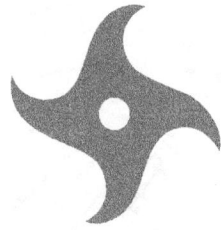

サムライニンジャのぬりえほん

Web :.www.matthewlin.com.au | Facebook : Matthew Lin - Art | Instagram : MatthewLinArt

Akemi

サムライニンジャのぬりえほん

Shigemitsu

サムライニンジャのぬりえほん

Web :.www.matthewlin.com.au | Facebook : Matthew Lin - Art | Instagram : MatthewLinArt

Yahiro

サムライニンジャのぬりえほん

Kaori

サムライニンジャのぬりえほん

Genjiro

サムライニンジャのぬりえほん

Yoko

サムライニンジャのぬりえほん

Web :.www.matthewlin.com.au | Facebook : Matthew Lin - Art | Instagram : MatthewLinArt

Yasuaki

サムライニンジャのぬりえほん

Asuka

サムライニンジャのぬりえほん

Web :.www.matthewlin.com.au | Facebook : Matthew Lin - Art | Instagram : MatthewLinArt

Naokatsu

サムライニンジャのぬりえほん

Chizuko

サムライニンジャのぬりえほん

Maki

サムライニンジャのぬりえほん

Kentaro

サムライニンジャのぬりえほん

Fujiko

サムライニンジャのぬりえほん

Web :.www.matthewlin.com.au | Facebook : Matthew Lin - Art | Instagram : MatthewLinArt

Tetsuo

サムライニンジャのぬりえほん

Yasuharu

サムライニンジャのぬりえほん

Terumi

サムライニンジャのぬりえほん

Web :.www.matthewlin.com.au | Facebook : Matthew Lin - Art | Instagram : MatthewLinArt

Nodoka

サムライニンジャのぬりえほん

Web :.www.matthewlin.com.au | Facebook : Matthew Lin - Art | Instagram : MatthewLinArt

Junzo

サムライニンジャのぬりえほん

ありがとう

THANK YOU

Web :.www.matthewlin.com.au | Facebook : Matthew Lin - Art | Instagram : MatthewLinArt